Vidas Muito Boas

Vidas Muito Boas

*As Vantagens do Fracasso e
a Importância da Imaginação*

J.K. ROWLING

Tradução de Ryta Vinagre

Rocco

Título original
VERY GOOD LIVES
The fringe benefits of failure and the importance of imagination

Primeira publicação nos EUA em 2015 pela Little, Brown and Company, uma divisão da Hachette Book Group, Inc.

Primeira publicação na Grã-Bretanha em 2015 pela Sphere

Copyright © J.K. Rowling, 2008
Ilustrações da edição original de Joel Holland adaptadas para a edição brasileira por Jorge Paes
Projeto de capa de Mario J. Pulice

O direito moral da autora foi assegurado.

Todos os direitos reservados. Nenhuma parte desta obra pode ser utilizada ou reproduzida, ou transmitida por qualquer forma ou meio eletrônico ou mecânico, inclusive fotocópia, gravação ou sistema de armazenagem e recuperação de informação, sem a expressa autorização da editora.
A reprodução sem a devida autorização constitui pirataria.

Direitos para a língua portuguesa reservados
com exclusividade para o Brasil à
EDITORA ROCCO LTDA.
Av. Presidente Wilson, 231 – 8º andar
20030-021 – Rio de Janeiro – RJ
Tel.: (21) 3525-2000 – Fax: (21) 3525-2001
rocco@rocco.com.br
www.rocco.com.br

Printed in Brazil/Impresso no Brasil

Preparação de originais
MÔNICA MARTINS FIGUEIREDO

CIP-Brasil. Catalogação na fonte.
Sindicato Nacional dos Editores de Livros, RJ.

Rowling, J.K.
Vidas muito boas: as vantagens do fracasso e a importância da imaginação / J.K. Rowling; tradução de Ryta Vinagre. – 1ª ed. – Rio de Janeiro: Rocco, 2017.

Tradução de: Very good lives: the fringe benefits of failure and the importance of imagination
ISBN 978-85-325-3087-5 (capa dura)

1. Autorrealização (Psicologia). 2. Sucesso. 3. Fracasso (Psicologia). 4. Imaginação. I. Vinagre, Ryta. II. Título.

17-43612

CDD: 158
CDU: 159.947

Vidas Muito Boas

Presidente Faust, membros da Harvard Corporation e do Conselho de Supervisores, membros do corpo docente, pais orgulhosos e, acima de tudo, formandos.

A primeira coisa que gostaria de dizer é "obrigada". Não só a Harvard me conferiu uma honra extraordinária, como as semanas de medo e náusea pensando neste discurso de formatura me fizeram emagrecer. Uma situação em que não há perdedores! Agora, só preciso respirar fundo algumas vezes, olhar para as bandeiras vermelhas e me convencer de que estou na maior reunião da Grifinória do mundo.

Fazer um discurso de formatura é uma grande responsabilidade, ou assim eu pensava até relembrar a minha própria formatura. A oradora paraninfa daquele dia foi a ilustre filósofa britânica, baronesa Mary Warnock. Refletir sobre seu discurso ajudou-me imensamente a escrever este, porque por acaso

não consigo me lembrar de uma só palavra do que ela disse. Esta descoberta libertadora me permite prosseguir sem nenhum medo de que eu, sem querer, influencie vocês a abandonar carreiras promissoras em negócios, direito ou na política, pelos vertiginosos prazeres de se tornar um bruxo gay.

Estão vendo? Se todos vocês daqui a anos se lembrarem pelo menos da piada do bruxo gay, já terei ganhado da baronesa Mary Warnock. Objetivos que podem ser alcançados: o primeiro passo para o aperfeiçoamento pessoal.

Na verdade, me empenhei, de mente e coração, para definir o que deveria dizer a vocês hoje. Perguntei-me o que gostaria de saber em minha própria formatura e que lições importantes aprendi nos 21 anos que se passaram entre aquele dia e hoje.

Cheguei a duas respostas. Neste dia maravilhoso, em que estamos reunidos para comemorar seu sucesso acadêmico, decidi lhes falar das vantagens do fracasso. E já que vocês estão no limiar do que às vezes chamamos de "vida real", quero exaltar a importância fundamental da imaginação.

DESCONFORTÁVEL

Estas podem parecer escolhas quixotescas ou paradoxais, mas peço que me acompanhem.

Olhar agora para a garota de 21 anos que eu era quando me formei é uma experiência um tanto incômoda para a mulher de 42 que ela se tornou. Meia vida atrás, eu buscava o equilíbrio desconfortável entre o que eu desejava e o que esperavam de mim aqueles que me eram mais próximos.

EQUILÍBRIO

Eu estava convencida de que a única coisa que queria fazer, na vida, era escrever romances. Meus pais, porém, que tiveram origem pobre e não se formaram na universidade, consideraram minha imaginação fértil uma idiossincrasia divertida que jamais pagaria uma hipoteca ou garantiria uma aposentadoria. Sei que agora a ironia cai com a força de uma bigorna de desenho animado.

Assim, eles tinham esperança de que eu fizesse um curso profissionalizante; eu queria estudar literatura inglesa. Chegamos a um acordo que, pensando agora, não satisfez a ninguém, e fui estudar línguas modernas. Mal o carro de meus pais virou a esquina no final da rua, eu larguei o alemão e fugi para o corredor dos clássicos.

Não me recordo de ter contado aos meus pais que estava estudando os clássicos; talvez eles só tenham descoberto no dia da formatura. De todas as matérias deste planeta, creio que para eles seria difícil citar uma menos útil do que mitologia grega quando a questão é garantir a chave de um banheiro executivo.

{ Gostaria de deixar claro, entre parênteses, que não culpo meus pais pela perspectiva deles. Existe um prazo de validade para culpar os pais por guiarem vocês para o lado errado; no momento em que vocês têm idade para assumir o controle, a responsabilidade é sua. Além disso, não posso criticar meus pais por torcerem para que eu nunca vivesse a pobreza. Eles mesmos eram pobres e antigamente eu era pobre, e concordo plenamente com eles que não é uma experiência enobrecedora. A pobreza acarreta medo, estresse e às vezes depressão; significa mil humilhações e pequenas dificuldades. Sair da pobreza por seus próprios esforços – isto é motivo de orgulho, mas a pobreza em si só é romantizada pelos tolos.

O que eu mais temia na idade de vocês não era a pobreza, mas o fracasso.

Na idade de vocês, apesar de uma grande falta de motivação na universidade, onde passei tempo demais no refeitório escrevendo histórias e tempo de menos nas aulas, eu tinha um talento especial para passar nas provas, e, durante anos, esta foi a medida de sucesso na minha vida e na de meus colegas.

Não sou tão tola para supor que só porque vocês são jovens, talentosos e instruídos, nunca tenham conhecido dificuldades ou mágoas. O talento e a inteligência jamais imunizaram ninguém contra os caprichos das Parcas, e não imagino nem por

um momento que todos aqui tenham des-

frutado de uma existência de privilégio

e satisfação irrestrita.

Porém, o fato de vocês estarem se formando em Harvard sugere que não estão muito familiarizados com o fracasso. Talvez sejam motivados tanto pelo medo do fracasso quanto pelo desejo do sucesso. Na realidade, seu conceito de fracasso talvez não esteja muito distante da ideia de sucesso da média das pessoas, de tão alto que vocês voaram.

"Eu era o maior fracasso que conhecia"

No fim das contas, todos precisamos decidir por nós mesmos o que constitui o fracasso, mas o mundo anseia por dar a vocês determinados critérios, se vocês permitirem. Assim, creio que é justo dizer que, por qualquer medida convencional, apenas sete anos depois da minha formatura, eu fracassei em escala épica. Um casamento excepcionalmente curto implodiu, fiquei desempregada, mãe solteira e tão pobre quanto é possível ser na Inglaterra moderna, sem ser uma sem-teto. Os temores que meus pais tiveram pela filha, e que tive por mim mesma, foram concretizados, e, para todos os efeitos, eu era o maior fracasso que conhecia.

Agora, não vou ficar aqui dizendo a vocês que o fracasso é divertido. Aquele período de minha vida foi sombrio, e eu não fazia ideia de que iria acontecer o que a imprensa desde então tem apresentado como uma espécie de final de conto de fadas. Na época eu não tinha ideia de quão longo era o túnel e, por um bom tempo, qualquer luz no final dele era mais uma esperança do que uma realidade.

Então, por que falo das vantagens do fracasso? Simplesmente porque fracassar significa se despojar do que não é essencial. Parei de fingir para mim mesma que eu era qualquer outra coisa além do que realmente era e comecei a direcionar toda a minha energia para a conclusão do único trabalho que me importava. Se de fato tivesse obtido sucesso em outra coisa qualquer, talvez jamais encontrasse a determinação para vencer na única arena a que eu acreditava verdadeiramente pertencer. Fui libertada, porque meu maior medo tinha se tornado realidade e eu ainda estava viva, ainda tinha uma filha que adorava, uma velha máquina de escrever e uma grande ideia. E assim o fundo do poço tornou-se a base sólida sobre a qual reconstruí minha vida.

Talvez vocês jamais fracassem na escala em que fracassei, mas é inevitável ter algum fracasso na vida. É impossível viver sem fracassar em alguma coisa, a não ser que vocês vivam com tanto cuidado que acabem não vivendo de verdade – e, neste caso, vocês fracassam por omissão.

O fracasso me deu uma segurança interior que jamais obtive passando nas provas. O fracasso me ensinou coisas sobre mim mesma que eu não poderia ter aprendido de outra forma. Descobri que tinha uma grande força de vontade e mais disciplina do que imaginava; descobri também que tinha amigos cujo valor era verdadeiramente inestimável.

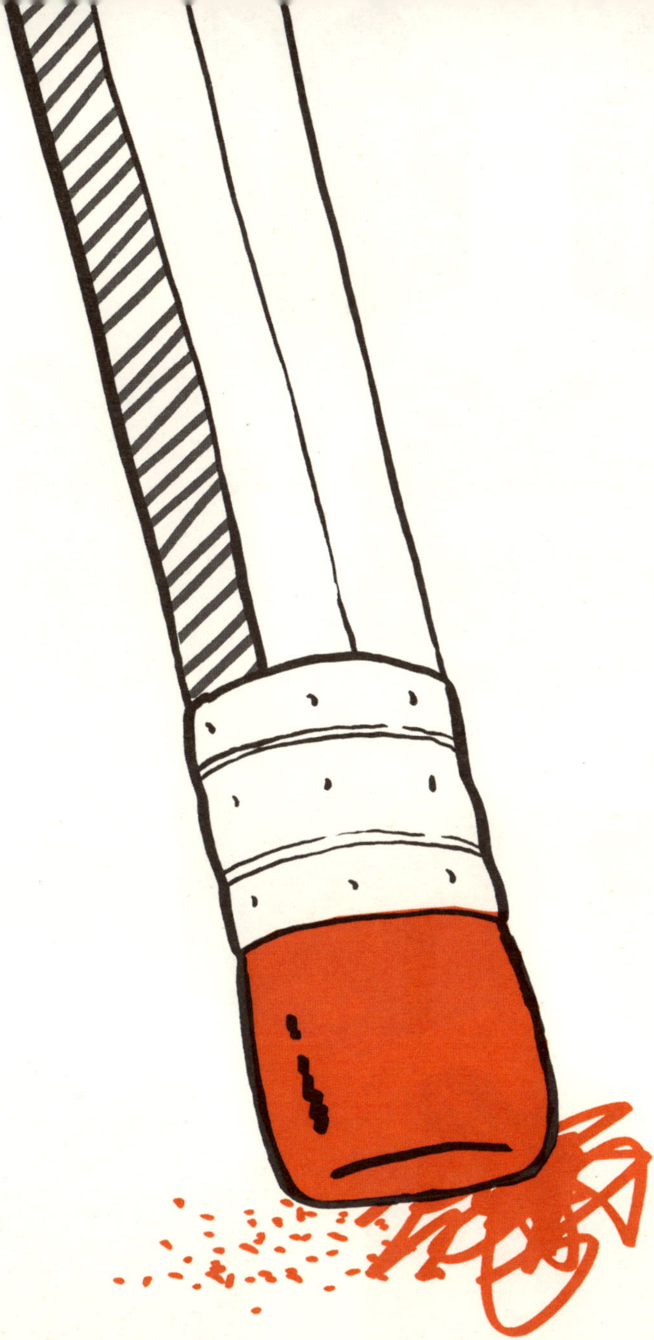

Saber que vocês saíram mais sábios e mais fortes dos reveses significa que, no fim das contas, vocês estão seguros de sua capacidade de sobreviver. Vocês jamais conhecerão verdadeiramente a si mesmos, nem a força de seus relacionamentos, se ambos não forem testados pela adversidade. Este conhecimento é um verdadeiro presente, sobretudo por ter sido conquistado com sofrimento, e valeu mais que qualquer qualificação que eu tenha ganhado.

humildade

Então, se eu tivesse um vira-tempo, diria a meu eu de 21 anos que a felicidade pessoal está em saber que a vida não é uma *checklist* de aquisições ou realizações. Suas qualificações, seu currículo, não são sua vida, mas vocês encontrarão muita gente de minha idade ou mais velha que confunde as duas coisas. A vida é difícil, é complicada, está além do controle total de qualquer um, e a humildade de saber disso permitirá que vocês sobrevivam a suas vicissitudes.

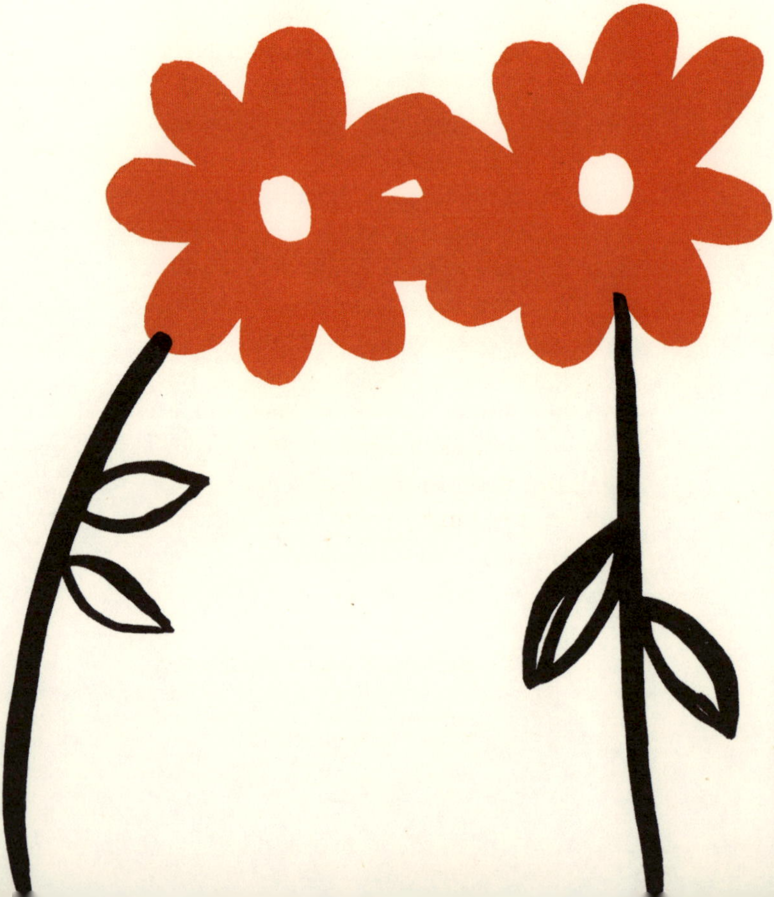

Talvez vocês pensem que escolhi meu segundo tema, a importância da imaginação, pelo papel que teve na reconstrução de minha vida, mas não é bem assim. Embora pessoalmente eu vá defender o valor das histórias de ninar até meu último suspiro, aprendi a valorizar a imaginação em um sentido muito mais amplo. A imaginação não é apenas a capacidade exclusivamente humana de idealizar o que não existe e, portanto, a fonte de toda invenção e inovação; em sua capacidade seguramente mais transformadora e reveladora, é o poder que nos permite sentir empatia pelas pessoas cujas experiências nunca partilhamos.

Uma das maiores experiências formativas de minha vida precedeu Harry Potter, mas fundamentou muito do que escrevi subsequentemente naqueles livros. Esta revelação chegou na forma de um de meus primeiros empregos. Embora eu escapulisse para escrever histórias no horário de almoço, pagava meu aluguel no início dos meus vinte anos trabalhando no departamento de pesquisa africana da sede da Anistia Internacional em Londres.

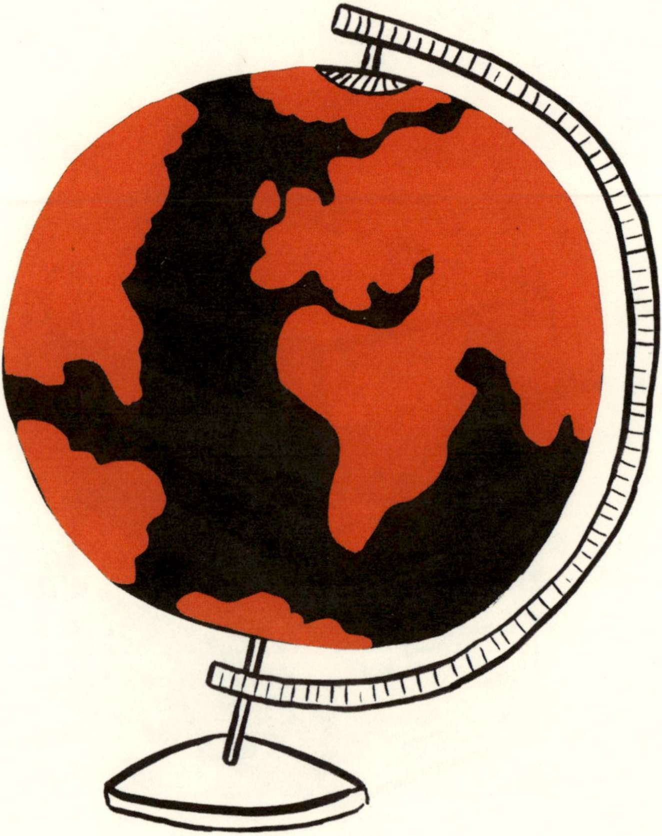

Ali, em minha salinha, eu lia cartas escritas às pressas, e enviadas clandestinamente de regimes totalitários, por homens e mulheres que se arriscavam à prisão para informar ao mundo o que acontecia com eles. Vi fotografias daqueles que tinham desaparecido sem deixar rastros, enviadas à Anistia por familiares e amigos desesperados. Li o testemunho de vítimas de tortura e vi imagens de seus ferimentos. Abri relatos de testemunhas oculares, escritos de próprio punho, sobre julgamentos e execuções sumárias, raptos e estupros.

Muitos dos meus colegas de trabalho eram ex-prisioneiros políticos, pessoas que foram desalojadas de seus lares ou fugiram para o exílio porque ousaram falar contra seus governos. Os visitantes de nossos escritórios incluíam aqueles que tinham vindo para dar informações, ou tentar descobrir o que havia acontecido aos que deixaram para trás.

Jamais me esquecerei do africano vítima de tortura, um jovem que na época não era mais velho do que eu e que ficou mentalmente doente depois de tudo que suportou em sua terra natal. Ele tremia incontrolavelmente ao falar para uma câmera de vídeo sobre a brutalidade que lhe infligiram. Era uns trinta centímetros mais alto do que eu e parecia frágil. Deram-me a tarefa de acompanhá-lo de volta à estação do metrô depois, e este homem, cuja vida fora destruída pela crueldade, segurou minha mão com uma refinada cortesia e me desejou um futuro feliz.

UM GRITO DE DOR E HORROR

E enquanto eu viver, vou me lembrar de andar por um corredor vazio e de súbito ouvir, por trás de uma porta fechada, um grito de dor e horror que jamais ouvira na vida. A porta se abriu, a pesquisadora pôs a cabeça para fora e me pediu que pegasse rapidamente uma bebida quente para o jovem sentado com ela. Tinha acabado de lhe dar a notícia de que sua mãe, em retaliação pela exposição que ele fez contra o regime de seu país, fora presa e executada.

Todo dia de minha semana de trabalho, no início dos meus vinte anos, eu era lembrada de ser incrivelmente afortunada por viver em um país com um governo democraticamente eleito, onde representação legal e julgamentos públicos eram direitos de todos.

Todo dia, eu via mais provas das crueldades que a humanidade infligirá a seus semelhantes para conquistar ou manter o poder. Comecei a ter pesadelos, literalmente, sobre algumas coisas que via, ouvia e lia.

E ainda assim, na Anistia Internacional também aprendi mais sobre a bondade humana do que sabia existir.

A Anistia mobiliza milhares de pessoas que nunca foram torturadas ou presas por suas crenças para agir em prol daqueles que passaram por este sofrimento. O poder da empatia humana, levando a ações coletivas, salva vidas e liberta prisioneiros. Pessoas comuns, com o bem-estar e a segurança pessoal garantidos, unem-se em um número imenso para salvar aqueles que não conhecem e jamais encontrarão. Minha pequena participação neste processo foi uma grande lição de humildade e uma das experiências mais inspiradoras de minha vida.

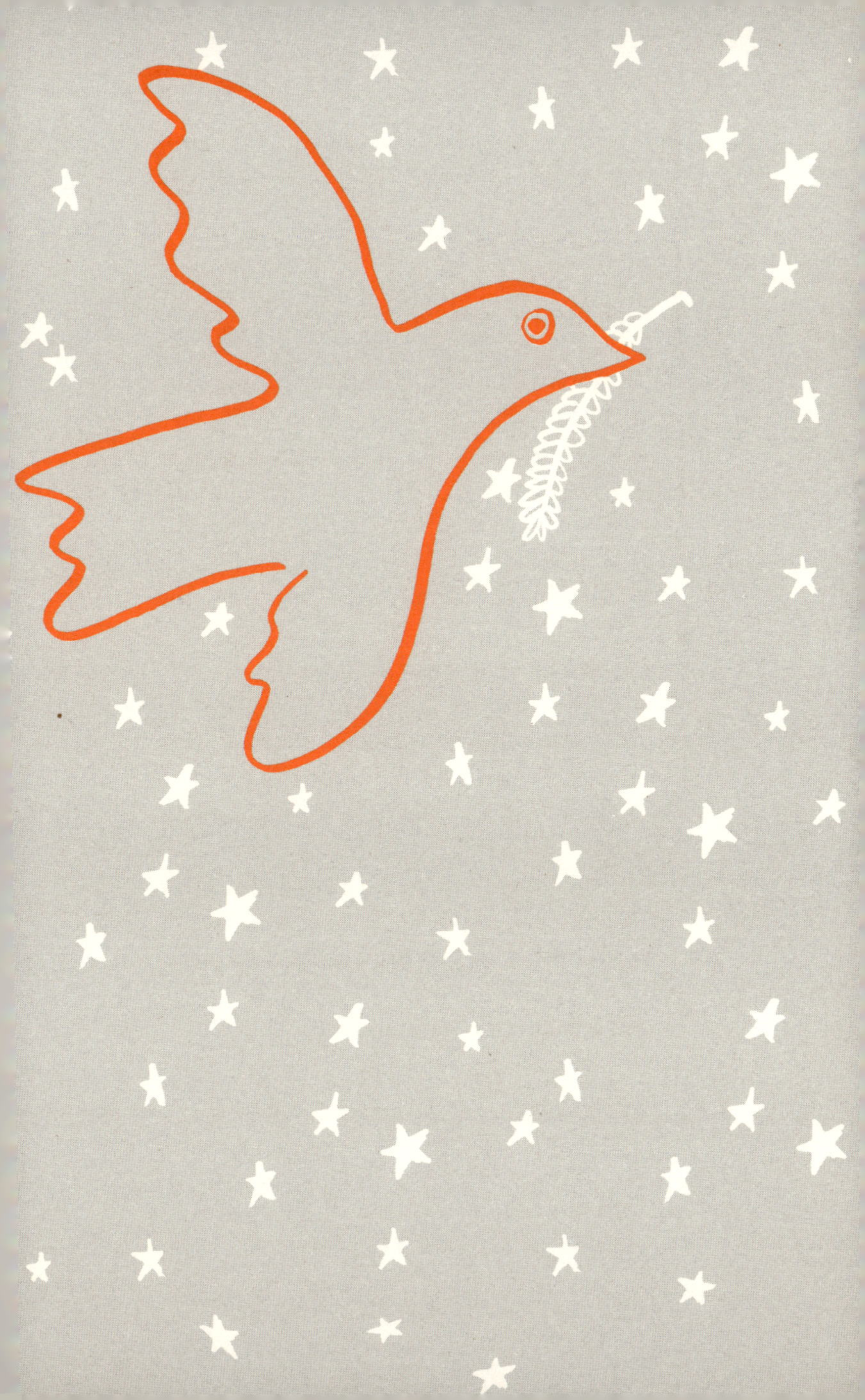

Ao contrário de qualquer outra criatura deste planeta, os seres humanos podem aprender e entender sem ter vivenciado a experiência. Podem pensar por si mesmos colocando-se no lugar do outro.

É claro que este poder, como minha marca de magia ficcional, é moralmente neutro. É possível usar tal capacidade para manipular ou controlar, assim como para compreender ou se solidarizar.

"Podem _pensar_ por si mesmos colocando-se no lugar do _outro_"

"Eles podem se recusar a tomar conhecimento"

E muitos preferem não utilizar de forma alguma sua imaginação. Preferem se manter confortavelmente dentro dos limites da própria experiência, sem jamais se dar ao trabalho de imaginar como seria ter nascido outra pessoa. Eles podem se recusar a ouvir gritos ou espiar dentro das celas; podem fechar a mente e o coração a qualquer sofrimento que não os afete pessoalmente; eles podem se recusar a tomar conhecimento.

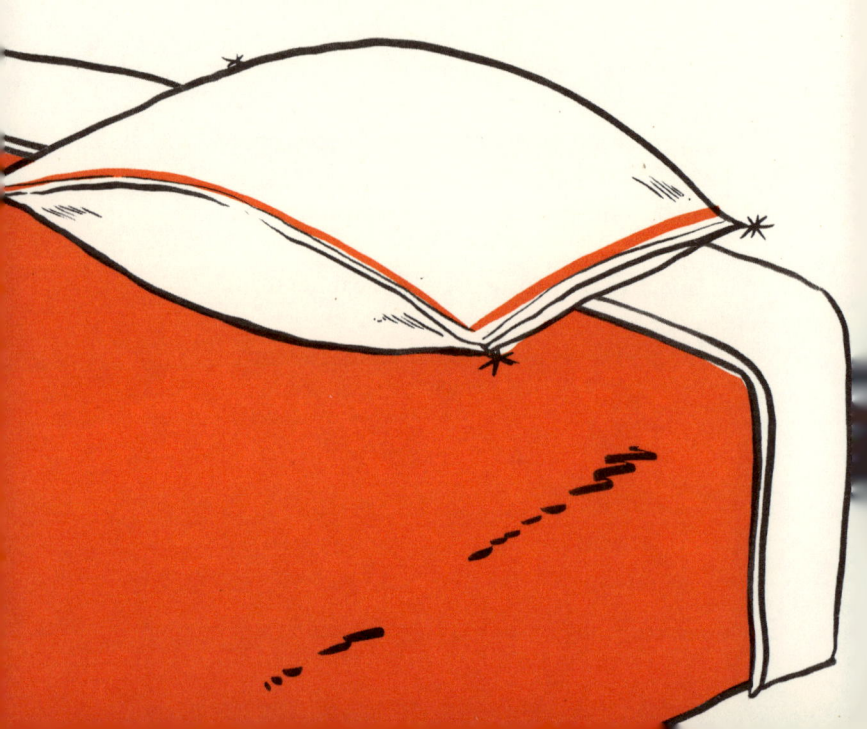

Eu poderia me sentir tentada a invejar as pessoas que conseguem viver assim, só que não acredito que elas tenham menos pesadelos do que eu. Escolher viver em espaços estreitos leva a uma forma de agorafobia mental, e isto traz seus próprios terrores. Creio que aqueles deliberadamente sem imaginação veem mais monstros. Em geral, eles têm mais medo.

Além do mais, quem escolhe não ter empatia possibilita os monstros reais. Pois, mesmo sem cometer nós mesmos um ato de rematada crueldade, somos coniventes com ele devido a nossa própria apatia.

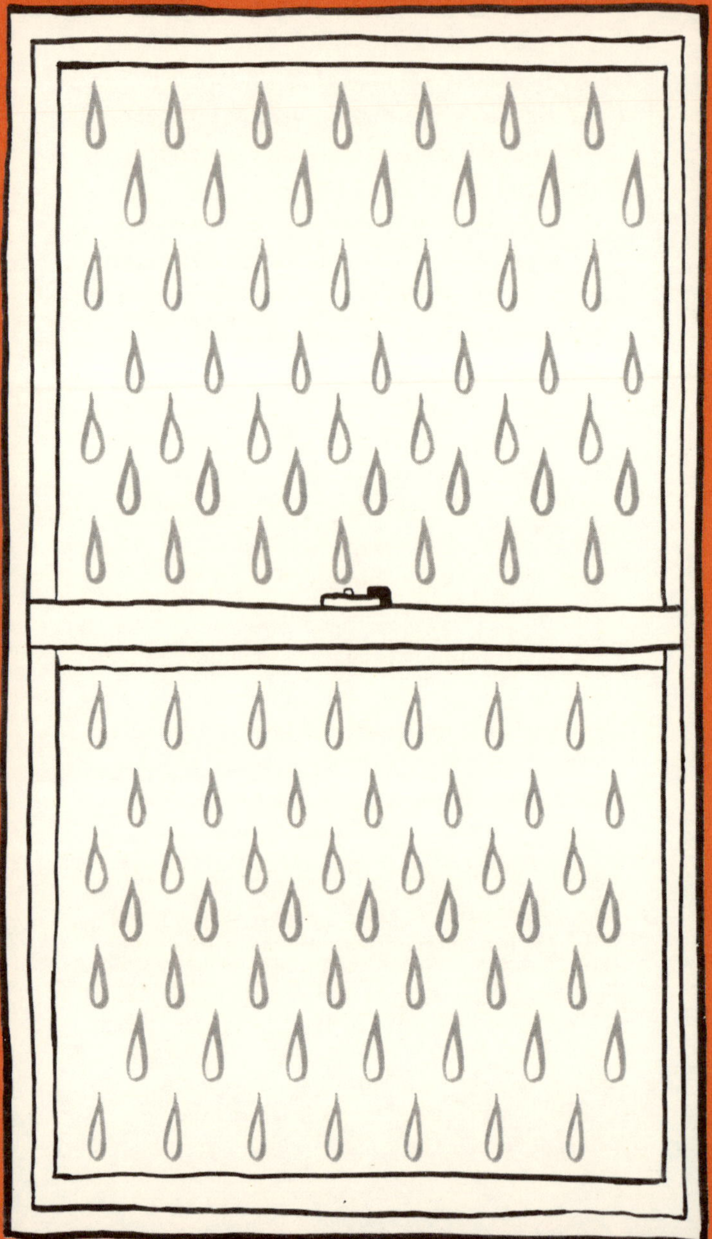

Uma das muitas coisas que aprendi no final daquele corredor dos clássicos, por onde eu me aventurava aos dezoito anos em busca de algo que na época não conseguia definir, foi isto, escrito pelo autor grego Plutarco: "O que realizamos por dentro mudará a realidade externa."

Esta é uma declaração espantosa, mas comprovada mil vezes em todos os dias de nossa vida. Expressa em parte nossa inevitável conexão com o mundo externo, o fato de que influenciamos a vida dos outros simplesmente por existirmos.

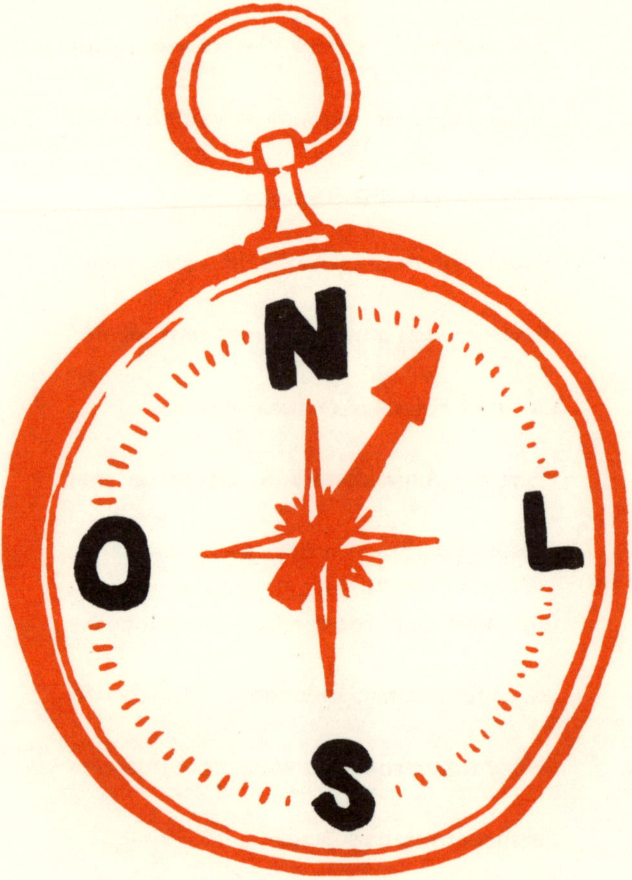
N
O
L
S

Mas qual é a possibilidade que vocês, formandos de Harvard de 2008, influenciem a vida de outras pessoas? Sua inteligência, sua capacidade para o trabalho árduo, a educação que mereceram e receberam conferem a vocês status e responsabilidades singulares. Até sua nacionalidade os distingue. A grande maioria de vocês pertence à única superpotência restante no mundo. Como vocês votam, como vivem, como protestam, a pressão que exercem sobre seu governo têm impacto bem além de suas fronteiras. Este é seu privilégio e seu fardo.

Se vocês escolherem usar seu status e sua influência para elevar a voz por aqueles que não têm voz; se escolherem se identificar não apenas com os poderosos, mas também com aqueles que não têm poder; se vocês conservarem a capacidade de se imaginar na vida dos que não possuem as mesmas vantagens que vocês, então não serão apenas suas famílias orgulhosas que irão comemorar sua existência, e sim milhares e milhões de pessoas cuja realidade vocês ajudaram a mudar para melhor. Não precisamos de magia para transformar nosso mundo; todos já temos dentro de nós o poder de que precisamos: o poder de imaginar melhor.

Estou quase terminando. Tenho uma última esperança para vocês, algo que aos 21 eu já possuía. Os amigos com quem me sentei no dia da formatura foram amigos de toda a vida. São os padrinhos de meus filhos, as pessoas pelas quais pude procurar em ocasiões de verdadeiros problemas, que tiveram a gentileza de não me processar quando usei seus nomes para os Comensais da Morte. Em nossa formatura, estávamos ligados por um carinho enorme, por nossa experiência comum de uma época que não voltará jamais e, naturalmente, pelo conhecimento de que tínhamos algumas provas fotográficas que seriam excepcionalmente valiosas se algum de nós concorresse ao cargo de primeiro-ministro.

Assim, hoje, desejo a vocês nada mais do que amizades semelhantes. E amanhã espero que, mesmo que não se lembrem de uma única palavra minha, lembrem-se daquelas de Sêneca, outro daqueles velhos romanos que conheci enquanto escapulia pelo corredor dos clássicos, fugindo de uma carreira profissional, em busca da sabedoria antiga:

"A vida é como uma história: o que importa não é o tempo que dura, mas o quão boa ela é."

Desejo a todos vocês vidas muito boas. Muito obrigada.

Desejo a todos vocês vidas muito boas

Sobre a autora

J.K. ROWLING é autora da recordista e multipremiada série Harry Potter. Adorada por fãs do mundo todo, a série supera a marca de 450 milhões de exemplares vendidos, foi traduzida em 80 idiomas e adaptada em oito filmes com absoluto sucesso de bilheteria. A autora escreveu três livros complementares à série, com fins benemerentes: *Quadribol através dos séculos* e *Animais fantásticos e onde habitam* (em prol da Comic Relief e da Lumos); e *Os contos de Beedle, o bardo* (em prol da Lumos). Escreveu também um roteiro cinematográfico inspirado em *Animais fantásticos e onde habitam* e colaborou em uma peça de teatro – *Harry Potter e a criança amaldiçoada*

Partes Um e Dois –, que estreou no West End de Londres, em 2016.

J.K. Rowling recebeu muitos prêmios e honrarias, incluindo a Ordem do Império Britânico (OBE) por serviços prestados à literatura infantil, a Legião de Honra da França (France's Légion d'Honneur) e o prêmio Hans Christian Andersen. A autora apoia várias causas por intermédio de seu fundo filantrópico, o Volant. Também é fundadora e presidente da Lumos, organização filantrópica para crianças, que trabalha globalmente pelo fim da institucionalização de crianças, garantindo que todas cresçam em ambiente seguro e amoroso.

LUMOS
Protecting Children. Providing Solutions.

Fundei a Lumos para ajudar a dar um fim às práticas incrivelmente prejudiciais da institucionalização. Atualmente, cerca de oito milhões de crianças são criadas em instituições em todo o mundo.

A maioria esmagadora delas não é de órfãos. Existem várias opiniões especializadas concordando que a institucionalização é extremamente prejudicial à saúde física e mental das crianças e tem efeitos terríveis em suas vidas.

É meu sonho que, enquanto vivermos, a própria ideia da institucionalização de crianças venha a fazer parte de um mundo fictício e cruel.

J.K. Rowling
Fundadora e presidente da Lumos

wearelumos.org

Impressão e Acabamento:
INTERGRAF IND. GRÁFICA EIRELI